Bibliografische Information der Deutschen Nationalbibliothek:

Die Deutsche Bibliothek verzeichnet diese Publikation in der Deutschen National-
bibliografie; detaillierte bibliografische Daten sind im Internet über http://dnb.d-
nb.de/ abrufbar.

Impressum:

Copyright © 2005 GRIN Verlag, Open Publishing GmbH
Druck und Bindung: Books on Demand GmbH, Norderstedt Germany
ISBN: 9783656476900

Dieses Buch bei GRIN:

http://www.grin.com/de/e-book/147777/eichendorff-und-die-frauen

Frauke Itzerott

Eichendorff und die Frauen

GRIN Verlag

GRIN - Your knowledge has value

Der GRIN Verlag publiziert seit 1998 wissenschaftliche Arbeiten von Studenten, Hochschullehrern und anderen Akademikern als eBook und gedrucktes Buch. Die Verlagswebsite www.grin.com ist die ideale Plattform zur Veröffentlichung von Hausarbeiten, Abschlussarbeiten, wissenschaftlichen Aufsätzen, Dissertationen und Fachbüchern.

Besuchen Sie uns im Internet:

http://www.grin.com/

http://www.facebook.com/grincom

http://www.twitter.com/grin_com

Eichendorff und die Frauen

„Die Entführung", vom 50 jährigen Eichendorff als eine seiner letzten vier Erzählungen im Jahre 1838 geschrieben[1], handelt nicht nur von Entführung und Erfüllung der Liebe, sondern auch von Masken, Doppelidentitäten und der Schwierigkeit lebensverändernde Entscheidungen zu treffen. Dabei vermischen sich im fiktionalen Text auch autobiographische Elemente, die aufzuzeigen dieser Essay versucht.

Zunächst lässt sich die Handlung der Novelle in zwei parallele Handlungsstränge teilen. Ausgangspunkt für beide ist Frankreich zur Zeit Ludwigs XV. Der erste Handlungsstrang umfasst das Zueinanderfinden von Leontine von Astrenant, der Tochter der verwitweten und verarmten Marquise Astrenant, ein zartes, mädchenhaftes, eher passives Mädchen und dem Grafen Gaston. Gespiegelt wird ihre Persönlichkeit durch ihr Haustier, ein zahmes Reh, welches für Eichendorff vor Allem ein frommes behütetes Dasein symbolisiert.[2]

Sie wird auf ihrem Schloss von einem Fremden besucht, während eine Räuberbande alles in Angst und Schrecken versetzt. Aufgrund einer Personenbeschreibung kann der Fremde als der Räuberhauptmann identifiziert werden. Leontine empfindet ihm gegenüber sofort eine Faszination, die sich dann in Liebe und Sorge um ihn äußert. Schließlich wird dieser von dem Grafen Gaston, einem Nachbarn der Astrenants und bekannten Kriegsheld und Berater des Königs, den die Marquise um Hilfe gegen die Räuber gebeten hat, verfolgt.

Leontine läuft unvermittelt in den Wald in der Hoffnung ihn zu treffen und tatsächlich ereignet es sich so. Als Schlüsselmoment ihrer Liebe und Loyalität, sie läuft zu ihm in den Wald, obwohl es dort gefährlich ist und es sich einer adligen Dame nicht geziemt so kopflos davon zu rennen, überreicht sie ihm ihr weißes Tuch um damit seine Wunde zu versorgen. Jetzt kann auch er sich ihrer Liebe gewiss sein.

Später erhält Leontine einen Brief von der Gräfin Diana, einer Spielgefährtin aus Kindertagen, die sie zu sich auf ihr Schloss ruft. Wärend der Fahrt durch den Wald trifft sie allerdings erneut den Räuberhauptmann, der sie zu Gastons Schloss schickt, da Diana sich dort befinden soll. Auf dem Schloss angekommen erkennt sie, dass es sich bei dem Räuberhauptmann, für den ihr Herz schlägt, um den Grafen Gaston handelt. Die Geliebten finden glücklich zueinander und heiraten.

Der zweite Erzählstrang handelt von dem Grafen Gaston und der Gräfin Diana. Gaston lernt sie am Hof des Königs Ludwig XV. kennen. Dort wird gerade ein Maskenball gegeben, in

---

[1] Vgl. Schiwy, Günther, Eichendorff Der Dichter in seiner Zeit Eine Biographie, München, Verlag C. H. Beck, 2000, S. 542 Z. 1-4.

[2] Vgl. Kunz, Josef, Eichendorff Höhepunkt und Krise der Spätromantik, unveränderter reprographischer Nachdruck der Ausgabe Oberursel (Taunus) 1951, Wissenschaftliche Buchgesellschaft Darmstadt, 1980, S. 38 Z. 17-19.

dem sich Diana, als Zigeunerin verkleidet, dadurch hervortut, dass sie alle ihre Anbeter, außer Gaston, mit Tüchern verwirrt und schließlich aneinander fesselt und dann geheimnisvoll verschwindet. Gaston erinnert sich daran, sie schon mal getroffen zuhaben, in einer mystischen Begebenheit, in der er sie mit einem erschossenen Reh beobachtet hat.

Vor dem Schloss des Königs treffen sich Gaston, Diana und der König wieder.

Aufgrund eines Liedes von Diana, in dem sie davon singt, erobert werden zu wollen, kommt dem König die Idee einer Wette. Gaston und er verfügen über sie, indem Gaston wettet, sie gegen ihren Willen erobern zu können.

Daraufhin kehrt Diana in ihren Garten bei ihrem Schloss zurück und besinnt sich durch die Verwildertheit des Gartens zurück auf ihre Jugend, die sie gemeinsam mit Leontine verbracht hat. Sie schreibt einen Brief an sie um sie wieder zu treffen. Dieser Brief ist das Schlüsselelement, das beide Handlungsstränge und die Geschichten von Leontine und Diana verbindet.

Gaston gelingt es tatsächlich, Diana zu entführen, die ihn durch ihre verkleidete Zofe zu täuschen versucht hatte, und aus ihrem Garten auf ein Floß zu bringen. Doch er landet mit ihr auf der falschen Seite des Flusses, gegenüber seines Schlosses. Sie gehen in eine verlassene Mühle. Von hier will Gaston einen Schuss abfeuern um seine Männer zu Hilfe zu rufen, doch Diana zündet die Mühle an, um Gastons Pläne so zu vereiteln. So müssen sie doch nun beide sterben.

Die Flamme symbolisiert sowohl Zerstörung als auch Läuterung und Diana versucht so eine neue Form des Lebens zu erreichen.[3], ihr Ausweg aus dieser für sie ausweglosen Situation.

Doch Gaston gelingt es, sie beide zu retten und er bringt Diana auf sein Schloss. Doch als er nun sein Ziel erreicht zu haben scheint, erschauert er plötzlich vor ihrer grausamen Schönheit und schreckt vor ihr zurück. Er lässt sie gehen, womit nun endlich die Entscheidung für Leontine gefallen ist. Diana begibt sich in ein Kloster, wo sie den Ruf von Frömmigkeit und grausamer Strenge als Oberin erwirbt.

Doch von Zeit zu Zeit wirft Gaston noch den einen oder anderen sehnsüchtigen Blick in ihre Richtung.[4]

Sofort in das Blickfeld des Rezipienten gerät die Personenkonstellation der Novelle. Dabei spielen Nebencharaktere, wie zum Beispiel die Witwe Astrenant, ihr Diener Frenel und der

---

[3] Vgl. Kunz, Josef, Eichendorff Höhepunkt und Krise der Spätromantik, unveränderter reprographischer Nachdruck der Ausgabe Oberursel (Taunus) 1951, Wissenschaftliche Buchgesellschaft Darmstadt, 1980, S. 59 Z. 1-4.

[4] Nach: Eichendorff; Joseph von, Die Entführung, in: Joseph von Eichendorff Dichter und ihre Gesellen Erzählungen II, Schillbach, Brigitte, Schultz, Hartwig, (Hrsg.), Deutscher Klassiker Verlag, 1993.

König nur eine untergeordnete funktionale Rolle. Das Hauptaugenmerk liegt auf Gaston, Diana und Leontine.

Leontine, die ihre Erfüllung in der Liebe zu Gaston, dem geheimnisvollen, aber auch starken Mann findet. Gaston der Kriegsheld, der dennoch die Richtige noch nicht gefunden hat und zwischen zwei Frauen wählen muss, und Diana, die „loreleyhafte Frauengestalt"[5], die mystisch, amazonenhaft und hexengleich Gaston verzaubert, aber ihre Erfüllung erst in der Hingabe an Gott, ihren letzten Ausweg[6], findet. Sie scheint nur zu verlieren, über ihr Schicksal wird hinweg entschieden und sie muss schließlich auf sich allein gestellt bleiben.

Nun bleibt die Parallele zur Realität und Eichendorffs wahrem Leben zu ziehen.

Die Figur der Novelle, die Eichendorff selbst zu repräsentieren scheint, ist Gaston. Er steht zwischen zwei Frauen[7], möchte aber für seine Liebe alles hingeben. Vordergründig ist er fasziniert von Diana, doch an deren Liebe wird er zu Grunde gehen. Überschattet werden die Begegnungen mit Diana von Leontine, die im Hintergrund in seinem Herzen ist.[8] Er erfährt eine Wandlung durch das Überschreiten einer Grenze, die durch das Ankommen am falschen Ufer nach Dianas Entführung versinnbildlicht wird. Die Entführung selbst ist eine kriminelle Handlung, eine Grenzüberschreitung, ein Eingriff in ihr Leben und Schicksal.[9]Doch die Konsequenz dieser Grenzüberschreitung will er nicht tragen.[10]Leontine ist sein Schutz vor der verhängnisvollen Diana, zu ihr kehrt er zurück, mit ihr will er sein Leben teilen.[11] Doch er ist auch ein Kriegsheld, ein starker Mann, der Rechtschaffenheit und Ruhm repräsentiert. Dabei führt er scheinbar, in der Novelle wird es an keiner Stelle bewiesen, ein Doppelleben als Hauptmann einer Räuberbande. Dabei steht er für das Geheimnisvolle, aber auch für Verbrechen und Ungerechtigkeit von dem aber zumindest für Leontine auch eine Faszination ausgeht.

Doch nun die Parallele zum Dichter Eichendorff. Joseph von Eichendorff geboren am 10.3.1788 und gestorben am 26.11.1857 an einer Lungenentzündung[12], steht ähnlich zwischen zwei Frauen bzw. überschattet eine bestimmte Frau alle seine Affären, Aloysia Anna Victoria

---

[5] Kunisch, Hermann, Freiheit und Bann- Heimat und Fremde, in: Eichendorff Heute- Stimmen der Forschung mit einer Bibliographie, Stöcklein, Paul (Hrsg.), 2. ergänzte Auflage, Wissenschaftliche Buchgesellschaft Darmstadt, 1966, S. 147 Z. 35-36.

[6] Vgl. Kunz, Josef, Eichendorff Höhepunkt und Krise der Spätromantik, unveränderter reprographischer Nachdruck der Ausgabe Oberursel (Taunus) 1951, Wissenschaftliche Buchgesellschaft Darmstadt, 1980, S. 59 Z. 16-20.

[7] Ebd. S.59 Z. 25.

[8] Ebd. S. 61 Z. 10-17.

[9] Ebd. S. 62 Z. 2-4.

[10] Ebd. S. 62 Z. 14-20.

[11] Ebd. S. 63 Z. 2-6.

[12] Vgl. Schiwy, Günther, Eichendorff Der Dichter in seiner Zeit Eine Biographie, München, Verlag C. H. Beck, 2000, S. 668-688.

von Larisch, genannt Louise, geboren 1792 und am 3. 12. 1855 nach langer Krankheit gestorben[13].

Anfangs schon ist er sehr verliebt in sie und schwört ihr die Treue, selbst wenn diese ihn krank macht.[14]Stets wartet er auf eine Antwort von ihr[15], doch er zögert sich mit ihr zu verloben[16], obwohl sie ihm sogar aus seiner Lebenskrise hilft.[17] Auch Eichendorffs Mutter ist gegen die Verlobung, da Louise nicht gerade aus reichen Verhältnissen stammt.[18]

Die Heirat ist für Eichendorff eine folgenschwere Lebensentscheidung. Er hat Angst durch die Ehe eine Einengung seines Lebensraumes zu erfahren und seine Freiheit als Dichter zu verlieren und fragt sich ob er überhaupt wirklich für die Treue gemacht ist.[19] Doch schließlich entscheidet er sich für seine Verlobte, Louise, und nimmt sie zur Frau, um mit ihr gemeinsam doch die Liebe als Erfüllung zu empfinden.[20]

Auch Gaston steht vor einer folgenschweren Lebensentscheidung. Mit Leontine gibt er auch einen großen Teil seiner Freiheit auf, die er mit der wilden Diana, die als von ihrem Vormund ausgebildete Jägerin[21] längst nicht dem hausfraulichen Ideal entspricht, das auch Eichendorff, trotz seiner Faszination für die venusgleichen, verführenden Frauen, für sich besitzt,[22] vielleicht eher gehabt hätte. Obwohl er sich für Leontine entschieden hat, wie Eichendorff sich für seine Louise entschied, blickt er oft noch mit Wehmut zu ihrem Kloster hinüber. Wehmütig handeln Eichendorffs literarische Werke immer wieder, bis hin zu seinen letzten Erzählungen, von verführerischen mystischen Frauen.[23]

Doch die zweite wichtige Parallele zur Novellenfigur Gaston weist Eichendorff in seiner schon frühen Faszination für den Kriegsdienst auf. Er bedeutet für ihn die Ergebung in den Willen Gottes, Beharrlichkeit und Geduld[24] und er „brennt darauf, sich in einer Schlacht auszuzeichnen"[25] Doch leider muss er die Enttäuschung erfahren niemals die Gelegenheit zu erhalten, sich als Kriegsheld auszeichnen zu lassen. Zum einen erhält der Lützowische Freikorps, dessen Mitglied er ist, keine Teilnahme an der Schlacht in Bautzen am 20./21. Mai

---

[13] Ebd. S. 668-688.
[14] Ebd. S. 276 Z. 27,28.
[15] Ebd. S. 287 Z. 22.
[16] Ebd. S. 296 Z. 8-10.
[17] Ebd. S. 296 Z. 14-16.
[18] Ebd. S. 298 Z. 30,31.
[19] Ebd. S. 355 Z. 35- S. 336 Z. 6.
[20] Ebd. S. 311 Z. 25-27.
[21] Vgl. Kunz, Josef, Eichendorff Höhepunkt und Krise der Spätromantik, unveränderter reprographischer Nachdruck der Ausgabe Oberursel (Taunus) 1951, Wissenschaftliche Buchgesellschaft Darmstadt, 1980, S. 46 Z. 18-21.
[22] Vgl. Schiwy, Günther, Eichendorff Der Dichter in seiner Zeit Eine Biographie, München, Verlag C. H. Beck, 2000, S. 308 Z. 6-8.
[23] Ebd. S. 542 Z. 1-4.
[24] Ebd. S. 339 Z. 1-5.
[25] Ebd. S. 341 Z. 10,11.

1813[26], und später werden ihm drei Jahre Garnisonsdienst verordnet.[27] Daraufhin schwankt er zwischen der Vorstellung, froh zu sein, dass Gott ihn vor dem Tod im Krieg verschont hat und dem Ärger über das Misslingen seiner Lebenspläne.[28] Jahre später lässt er seine schwangere Frau noch mal zu Hause zurück, um sich erneut zum Kriegsdienst zu melden[29], doch das entspringt nicht nur der Faszination für den Krieg, sondern auch einer Notwendigkeit. Da Eichendorffs Familie überwiegend Schulden besitzt und auch die Heirat mit Louise das Vermögen nicht vergrößert hat, hofft Eichendorff, so an Geld zu kommen.[30] Doch endgültig muss er seine Hoffnung ein Kriegsheld zu werden aufgeben, als Napoleon am 22. 7. 1815 abdankt, bevor Eichendorffs Regiment die Hauptarmee in Waterloo erreicht.[31]

Gaston ist ein Kriegsheld und Berater des Königs, und nach seiner Heirat mit Leontine scheint der Krieg in seinem Leben keine Rolle mehr zu spielen. Er hat den Ruhm, die Berühmtheit und sicher auch den Reichtum, den Eichendorff immer zu erreichen hoffte. In Gaston verwirklicht er den Traum, den er schon in früher Jugend geträumt hat.

Doch nicht nur Gaston hat ein lebendes Vorbild, auch Diana und Leontine können auf Personen aus Eichendorffs realen Leben zurückgeführt werden.

Leontine, jetzt nicht mehr schwer zu erraten, spiegelt Eichendorffs Frau Louise von Larisch. Eichendorff heiratete sie am 7. 4. 1815 in Breslau. Sie ist die Tochter des Gutsbesitzer und Marschkommissar Johann von Larisch auf Pogrzebin, was gegenüber Lubowitz, dem Anwesen aus Eichendorffs Jugend, liegt.[32] Aus der Ehe gingen fünf Kinder hervor.[33]

Obwohl Leontines Alter in der Novelle nie erwähnt wird, erscheint sie dem Rezipienten doch deutlich jünger als Gaston. Auch Louise ist fünf Jahre jünger als Eichendorff.[34] Leontine repräsentiert Unschuld und Frömmigkeit und ein kindliches Leben im Schutz der Mutter und der heimatlichen Landschaft.[35] Das ist auch der Eindruck, den Louise in Günther Schiwys Biographie Eichendorffs auf den Leser hinterlässt, wenn Eichendorff sich erinnert, Louise und

---

[26] Ebd. S. 342 Z. 1-5
[27] Ebd. S. 349 Z. 33,34.
[28] Ebd. S. 352 Z. 23-27.
[29] Ebd. S. 366 Z. 16-19.
[30] Ebd. S. 313 Z. 35-39.
[31] Ebd. S. 369 Z. 32.
[32] Vgl. Schodrock, Karl, Joseph von Eichendorff, in: Der Göttinger Arbeitskreis Schriftenreihe Heft 26, Würzburg/Main, Holtzner Verlag, S. 11 Z. 23-26.
[33] Ebd. S. 12 Z. 9.
[34] Vgl. Schiwy, Günther, Eichendorff Der Dichter in seiner Zeit Eine Biographie, München, Verlag C. H. Beck, 2000, S. 365 Z. 29,30.
[35] Vgl. Kunz, Josef, Eichendorff Höhepunkt und Krise der Spätromantik, unveränderter reprographischer Nachdruck der Ausgabe Oberursel (Taunus) 1951, Wissenschaftliche Buchgesellschaft Darmstadt, 1980, S. 38 Z. 14-17.

ihre Mutter in der Laube Zeitung lesen zu sehen.[36] Durch ihre Sorge um den Räuberhauptmann wirkt Leontine schützend und mütterlich, ähnlich wie Louise, die für ihren Ehemann Heimat und Familie bedeutet.[37]

Doch welche geheimnisvolle Frau aus Eichendorffs Leben spiegelt sich in der Figur der Diana?

Diana symbolisiert Verlockung und Betörung[38]. Ihr Wesen drückt sich durch die Verkleidung aus. Auf dem Maskenball des Königs ist sie maskiert, sie ist als Zigeunerin verkleidet, und auch in ihrem Leben trägt sie die Maske der grausamen Schönheit nach Außen, da sie selbst vor ihrer Schönheit erschauert, wenn sie sich in ihrem Spiegel betrachtet. Die Maske symbolisiert bei Eichendorff Schrecken, aber auch das Locken einer Loreley oder Venus. Sie ist ein Schutz vor dem Erkanntwerden und bedeutet für Eichendorff auch Fremdartigkeit.[39] Fremdartigkeit ist für den heimatliebenden Eichendorff negativ besetzt.

Diana leidet unter der „Not des Über-sich-hinausgehen-müssens"[40] Sie hat die Brücke zu ihrer Vergangenheit, im Gegensatz zu Leontine, hinter sich abgebrochen, versinnbildlicht durch die Geschichte, die über Diana erzählt wird, dass sie vor dem sie freienden Grafen Oliver über einen Abgrund hinweg geflohen ist.[41] Sie protestiert gegen die Einordnung in das Alltägliche und zeigt das in ihrer Liebe für Außenseiter der Gesellschaft, symbolisiert durch ihre Verkleidung als Zigeunerin beim Maskenball des Königs.[42] Ihr Wille zur Freiheit und Ungebundenheit äußert sich fast schon dämonisch.[43]

Wie Gaston zwischen Leontine und Diana, zwei völlig gegensätzlichen Frauen, steht, steht auch Eichendorff zwischen seiner Frau Louise und seinen Affären. Diese kurzzeitig in seinem Leben auftretenden Frauen sind es, die Diana ein Vorbild liefern.

Die erste ist Madame Hahmann. Sie ist verheiratet und er kennt sie aus seiner Heimat.[44] Im Mai 1810 verbringt er acht Wochen mit ihr. Ihre lockere Gesellschaft äußert sich in Sparziergängen zu zweit in Garten und Orangerie und Eichendorff erzählt, dass sie zusammen

---

[36] Vgl. Schiwy, Günther, Eichendorff Der Dichter in seiner Zeit Eine Biographie, München, Verlag C. H. Beck, 2000, S. 305 Z. 4,5.

[37] Ebd. S. 296 Z. 14-16.

[38] Vgl. Kunisch, Hermann, Freiheit und Bann- Heimat und Fremde, in: Eichendorff Heute- Stimmen der Forschung mit einer Bibliographie, Stöcklein, Paul (Hrsg.), 2. ergänzte Auflage, Wissenschaftliche Buchgesellschaft Darmstadt, 1966, S. 148 Z. 1,2.

[39] Ebd. S. 149 Z. 4-16.

[40] Kunz, Josef, Eichendorff Höhepunkt und Krise der Spätromantik, unveränderter reprographischer Nachdruck der Ausgabe Oberursel (Taunus) 1951, Wissenschaftliche Buchgesellschaft Darmstadt, 1980, S. 44 Z. 2,3.

[41] Ebd. S. 44 Z. 27-29.

[42] Ebd. S. 45 Z. 14-17.

[43] Ebd. S. 46 Z. 2,3.

[44] Vgl. Schiwy, Günther, Eichendorff Der Dichter in seiner Zeit Eine Biographie, München, Verlag C. H. Beck, 2000, S. 304 Z. 1.

rauchend auf dem Canape' liegen.[45] Sie gleicht der allegorischen Figur der Venus, die mit ihren magisch-heidnischen Kräften Macht über die Menschen besitzt, was zwar zur ersten Faszination, aber dann doch zum Abwenden Eichendorffs von ihr und zum Hinwenden zu seiner Frau Louise führt.[46] Diana hat die selbe Wirkung auf Gaston und auch er wendet sich schließlich erschreckt von ihr ab, um zu Leontine zurückzukehren.

Die zweite Affäre Eichendorffs ist Julie von Hoverden. Ihr wendet er sich im Juli 1811 zu. Er beschreibt sie als gutmütig, und er sagt über sie, sie „findet viel Geschmack an meinen Späßen [..]"[47] Nach einem Theaterbesuch vergleicht Julie Louise sogar mit dem zuvor gesehenen Aschenbrödel[48], denn Julie ist vermögend, was sie auch zur Wunschpartie von Eichendorffs Eltern macht.[49] Auch Diana ist finanziell gesehen die bessere Partie für Gaston. Sie ist eine reiche Gräfin., während Leontine die Tochter einer verarmten Witwe ist.

Die dritte Affäre Eichendorffs ist eine Choristin. Mit ihr trifft er sich von Oktober bis November 1811 zweimal die Woche um fünf Uhr abends.[50] Sie sieht einer Schauspielerin ähnlich, für die Eichendorff schwärmt und besitzt lange, schwarze, aufgelöste Haare[51], worin sie wiederum Diana gleicht.

Alle diese drei Affären, die Eichendorff von seiner Verlobten Louise ablenken werden in Diana in ihren für Eichendorff faszinierenden Eigenschaften vereinigt. Diana besitzt sowohl die magisch-mystische Ausstrahlung von Madame Hahmann, als auch die finanzielle Absicherung von Julie von Hoverden, als auch die magisch, hexengleich anmutenden langen schwarzen Haare der Choristin.

Louise von Larisch hat nichts davon zu bieten, doch sie kann ihm etwas viel Wichtigeres geben, was auch Leontine Gaston zu geben vermag: Das Gefühl von Heimat, Geborgenheit und Schutz. Das ist es schließlich, was Eichendorff und Gaston veranlasst, den „Amazonen" den Rücken zu kehren.

Doch in jeder der Hauptfiguren steckt auch Eichendorff selbst. Nicht nur Gaston, wie schon ausführlich behandelt, spiegelt Eichendorffs Wünsche und Idealvorstellungen, sondern auch Diana und Leontine verkörpern Eigenschaften des Dichters selbst.

---

[45] Ebd. S. 304 Z. 10-30.
[46] Ebd. S. 305 Z. 17-27.
[47] Ebd. S. 332 Z. 25,26.
[48] Ebd. S. 332 Z. 31-35.
[49] Ebd. S. 349 Z. 12-14.
[50] Ebd. S. 333 Z. 20-32.
[51] Ebd. Siehe Fußnote Nr. 50.

Diana ist heimatlos,[52] was ihre Lebenskrise noch mehr vertieft, und auch für Eichendorff ist die Heimatlosigkeit eine große Angstquelle, denn die Heimat ist es, die er als Rückzugsmöglichkeit, wie Diana ihren Garten, auf den ich noch ausführlich zu sprechen komme, empfindet. Durch Gaston wird sie in diese Existenzkrise gestoßen. Sie muss nun eine Entscheidung treffen. Entweder sie bewahrt ihr Ich oder sie öffnet sich dem Wagnis der Liebe.[53] Auch Eichendorff musste die Entscheidung treffen, ob er sich auf das Wagnis der Affären und die Unbeständigkeit, die sie in seinem Leben mit sich brächten, Madame Hahmann z.B. ist verheiratet, einlässt oder er bei sich selbst und seiner Louise, die seine Vorstellung vom Leben teilt, bleibt.

Außerdem ist Dianas letzter Ausweg die Hingabe an Gott.[54] Die Hingabe an Gott ist auch ein Ideal Eichendorffs, der darin auch die Freiheit in seinem Dichterleben sieht.

Auch Leontine begeht ein Wagnis des Vorstoßes[55], indem sie dem Räuberhauptmann trotz der drohenden Gefahr aus Sorge um ihn in den Wald folgt. Im Gegensatz zu Eichendorff und Diana geht sie das Wagnis der Liebe mit einem Fremden, Geheimnisvollen ein.

Abschließend muss nun noch die Bedeutung von Fremde und Heimat und besonders des Gartens, auch ein zentrales Element der Novelle, deutlicher herausgearbeitet werden.

In der Entführung bedeutet Liebe nicht Glück und Erfüllung, sondern den Abschied von Vertrautem, Sicherheit und Ruhe, und damit den Vorstoß in Unbekanntes[56]. Die Figuren der Novelle sind geprägt von ihrem Verhältnis zur Ferne[57] und Heimat bedeutet in Eichendorffs literarischem Zusammenhang klar konturierte Einfachheit.[58] So entsteht der Gegensatz von Heimat und Fremde. Fremde und Heimat bilden sowohl in der Novelle als auch in Eichendorffs Leben den Gegensatz von romantisch, aber zerrissen und rein und wachsam, also Wirrnis und Ordnung. Eichendorffs Affären spiegeln ihn ängstigende, aber auch faszinierende Dinge und Personen, wie Verwirrung, Bann, Zauber, heidnischer Glaube, Venus, Loreley, Hexen und Nixen. Die Freiheit des Wachsamen, das Christentum, die Treue und der Einklang von Mensch und Natur sind die Eigenschaften, die für ihn Heimat bedeuten.[59]

---

[52] Vgl. Kunz, Josef, Eichendorff Höhepunkt und Krise der Spätromantik, unveränderter reprographischer Nachdruck der Ausgabe Oberursel (Taunus) 1951, Wissenschaftliche Buchgesellschaft Darmstadt, 1980, S. 46 Z. 28.
[53] Ebd. S. 53 Z. 21-25.
[54] Ebd. S. 59 Z. 16-20.
[55] Ebd. S. 40 Z. 4-8.
[56] Ebd. S. 40 Z. 26-29.
[57] Vgl. Kunisch, Hermann, Freiheit und Bann- Heimat und Fremde, in: Eichendorff Heute- Stimmen der Forschung mit einer Bibliographie, Stöcklein, Paul (Hrsg.), 2. ergänzte Auflage, Wissenschaftliche Buchgesellschaft Darmstadt, 1966, S. 146 Z. 20,21.
[58] Ebd. S. 147 Z. 12,13.
[59] Ebd. S. 149 Z. 26-37.

Eng verbunden mit seinem Heimatgefühl und besonders wichtig ist der Garten. Dieser zieht sich durch sämtliche Literatur Eichendorffs und hat auch in der Novelle „Die Entführung" eine zentrale Stellung.

Jeder der Hauptfiguren besitzt einen Garten. Leontines Garten, ein verwilderter französischer Garten, ist das Symbol ihrer Jugend. Er repräsentiert ihren zurückgezogenen ruhigen Charakter und ist ihre Verbindung zur Vergangenheit. Sie hat so eine enge bleibende Verbindung zu ihm, dass sie ihre Vergangenheit nicht verloren hat. Nur ein wenig ist der ehemalige Prunk des wohlhabenden Anwesens noch zu erkennen.

Auch Dianas Garten repräsentiert ihre Jugend. Doch dieser Garten ist noch um einiges mehr verwildert. Ihre Jugend ist vergangen und sie hat alle Brücken hinter sich abgebrochen. Doch ihr Garten beinhaltet auch eine gewisse Zeitlosigkeit. Er spiegelt nicht nur die Vergangenheit und ist in seiner Verwildertheit seltsam zeitlos, sondern durch die Idee des Briefs an Leontine, der sie schließlich zu Gaston führen wird, zeigt er auch schon die Zukunft und das Schicksal der Hauptfiguren. Der Garten ist Dianas einzige Rückzugsmöglichkeit, vor der Welt vor der sie sich verstecken will, was ihr dann erst später im Kloster wirklich gelingt.

Auch Gastons Schloss besitzt einen Garten. Er wird in der Novelle zwar wenig beschrieben, doch eine Begebenheit macht ihn bedeutsam.

Er erscheint Leontine fremd, als sie bei Gaston ankommt. Diese Fremdheit, die Gaston zuletzt beim Anblick Dianas spürte, zeigt auch Gastons Undurchsichtigkeit, denn er ist es, der in der Handlung der Novelle tatsächlich täuscht durch seine Verkleidung als Räuberhauptmann.

Eichendorff benutzt den Garten in seiner Novelle also als Rückzugsmöglichkeit, aber auch als charakterweisendes Symbol.

Für ihn selbst ist der Garten auch in Bezug auf seine Frauen wichtig.

Louise ist es, an die er in der Gartenlaube zurückdenkt[60], und die Spaziergänge mit Madame Hahmann macht er im Garten und der Orangerie.[61] Der Garten ist für ihn auch etwas, dass er mit seinen Angebeteten teilt und mit ihnen verbindet. Durch die Fruchtbarkeit eines Gartens z.B. weist er auch im bildlichen Sprachgebrauch direkt auf eine weibliche Eigenschaft hin.

Diese Analyse von Eichendorffs Novelle „Die Entführung" im Hinblick auf die Hauptfiguren und deren Entsprechung im realen Leben des Dichters soll der Versuch gewesen sein, sowohl das Leben Eichendorffs als auch seine Verwendung von Figuren näher zu beleuchten. Schwerpunkte mussten dabei auch auf Themen, wie Krieg, Heimat und Fremde und Der

---

[60] Vgl. Schiwy, Günther, Eichendorff Der Dichter in seiner Zeit Eine Biographie, München, Verlag C. H. Beck, 2000, S. 305 Z. 4,5.
[61] Ebd. S. 304 Z. 10-30.

Garten gelegt werden, damit die Wichtigkeit der Eigenschaften der von Eichendorff benutzten Charaktere für ihn selbst deutlich wurden.